GRILLEN *für* GOURMETS

KÖNEMANN

KRÄFTIGE GRILLGERICHTE

Pfeffersteaks und Rotweinsteaks mit Kräuterbutter

Holzkohle verleiht gegrillten Speisen einen aufregenden Geschmack; das gilt insbesondere für Rind-, Kalb-, Lamm- und Schweinefleisch, die die Grundlage für viele außergewöhnliche Grillgerichte darstellen. Bei der Auswahl des Grillfleisches sollten Sie darauf achten, daß es sich um mageres und hochwertiges Fleisch handelt.

Vor dem eigentlichen Grillen muß das Fleisch in der Regel vorbereitet werden. Entfernen Sie die Fettränder und schneiden Sie Steaks und Koteletts an der Seite ein, damit sich das Fleisch nicht wölbt. Preisgünstigere Fleischstücke werden zarter und aromatischer, wenn man sie vorher einlegt.

Grillfleisch muß zum gleichmäßigen Garen eine einheitliche Dicke aufweisen. Die ideale Dicke von Steaks liegt bei etwa 2 cm.

Für den Grill geeignete Fleischsorten:

Rindfleisch: Filet, Rumpsteak, Rippenstück, Sirloin oder T-Bone Steak, Schulter und Spare Ribs
Kalbfleisch: Haxe, Lendenstücke und Koteletts
Schweinefleisch: Haxe, Lendenstücke, Koteletts und Spare Ribs
Lammfleisch: Keule, Haxe und Lendenstücke, Koteletts, Schulter und Lammfleischwürfel.

Die besten Grillergebnisse erzielen Sie, wenn Sie das Fleisch kurz über einer heißen Stelle des Grills auf beiden Seiten für jeweils 2 Minuten anbraten. Damit schließen sich die Poren an der Oberfläche, und das Fleisch bleibt saftig. Zum Weiterbraten legen Sie das Fleisch an eine weniger heiße Stelle des Grills. Blutige Steaks sollten nur zwei weitere Minuten auf jeder Seite gegrillt werden, halb durchgebratene Steaks wiederum weitere 2 Minuten auf jeder Seite (das Fleisch sollte leicht knusprig sein); wenn Sie das Fleisch durchgebraten möchten, sollten Sie es noch einmal 4–6 Minuten je Seite braten (das Fleisch sollte bei Druck nicht mehr nachgeben). Grillfleisch ist am besten, wenn es außen knusprig und innen rosa und saftig ist.

Rotweinsteaks

Vorbereitungszeit:
30 Min. und über Nacht einlegen
Zubereitungszeit:
16 Min.
Für 8 Personen

8 Rumpsteaks

Marinade
250 ml trockener Rotwein
60 ml Olivenöl
60 ml Tomatenmark
1 mittelgroße Zwiebel, feingehackt
3 Knoblauchzehen, zerdrückt
½ TL Cayennepfeffer
½ TL geriebene Zitronenschale
2 Lorbeerblätter

1 Fettränder entfernen und Steaks auf einheitliche Dicke bringen.
2 Sämtliche Zutaten für die Marinade sorgfältig vermengen. Steaks in eine flache Glasschüssel legen, die Marinade darübergießen und die Steaks darin wenden. Die Schüssel mit Deckel verschließen und über Nacht kühl stellen; gelegentlich wenden.
3 Steaks aus der Marinade nehmen und 6–8 Minuten auf jeder Seite braten, gelegentlich mit der restlichen Marinade bestreichen.

Tip
Verwenden Sie das entfernte Fett, um den Rost oder die Grillpfanne damit zu fetten. Reiben Sie dazu das Fett mit einer langstieligen Zange über den Grillrost bzw. die Pfanne. Damit wird verhindert, daß das Fleisch während des Bratens festklebt.

Pfeffersteaks

Vorbereitungszeit:
20 Min. und über Nacht einlegen
Zubereitungszeit:
16 Min.
Für 6 Personen

6 Filetsteaks
2 EL schwarze Pfefferkörner, grob gemahlen
1 EL Koriander, grob gemahlen
1 TL Garam Masala
60 ml Öl
1 Knoblauchzehe, zerdrückt

1 Steaks von Sehnen und Fetträndern befreien. Pfeffer, Koriander, Garam Masala, Öl und Knoblauch miteinander vermengen.
2 Steaks in eine flache Glasschüssel legen, mit der Pfeffermarinade übergießen und darin wenden, bis beide Seiten gut mariniert sind. Über Nacht kühl stellen.
3 Für Medium-Steaks beträgt die Grilldauer etwa 6–8 Minuten pro Seite. Mit Knoblauchbutter oder einer dicken Tomatensauce servieren.

Tip

Nach dem Einlegen und Kühlen sollte das Fleisch vor dem Grillen wieder Zimmertemperatur erreicht haben. Damit wird ein gleichmäßiges Garen gewährleistet.

Gegrillte Lammkoteletts mit Sauce

Vorbereitungszeit:
30 Min.
Zubereitungszeit:
10 Min.
Für 4 Personen

12 grillfertig vorbereitete Lammkoteletts
Wählen Sie eine der folgenden Saucen zum Bestreichen während des Grillens:

Scharfe Sherry-Sauce
125 ml trockener Sherry
60 ml Sojasauce
60 ml Chilisauce
2 EL brauner Zucker
2 Schalotten, in Scheiben geschnitten
2 Knoblauchzehen, zerdrückt

Sauce Provençale
125 ml Tomatenmark
80 ml Rotwein
80 ml Wasser
1 TL Oregano
6 Oliven, gehackt
1 kleine Zwiebel, gehackt
2 EL Olivenöl

Kräuterbutter
125 g Butter oder Margarine
1 EL Dill, gehackt
1 EL Petersilie, gehackt
2 EL Zitronensaft
frisch gemahlener schwarzer Pfeffer

1 Lammkoteletts auf einer großen Platte bereitstellen. Eine Sauce ihrer Wahl zubereiten.
2 Zubereitung der scharfen Sherry-Sauce: sämtliche Zutaten in einer Schüssel vermengen. Die Sauce eßlöffelweise über jedes Kotelett geben. Den Rest zum Bestreichen aufheben.
3 Zubereitung der Sauce Provençale: alle Zutaten in einer kleinen Schüssel vermengen. Die Sauce eßlöffelweise über jedes Kotelett geben. Den Rest zum Bestreichen verwenden.
4 Zubereitung der Kräuterbutter: Butter bzw. Margarine in einer Pfanne zerlaufen lassen. Die übrigen Zutaten zufügen. Sauce eßlöffelweise über jedes Kotelett geben. Den Rest warm halten und zum Bestreichen verwenden.
5 Die Koteletts je Seite 3–5 Minuten grillen und dabei regelmäßig mit der entsprechenden Sauce bestreichen.

Tips

- Statt Koteletts können auch Lendenstücke verwendet werden.
- Die Saucen eignen sich auch ideal für Fisch in Alufolie. Legen Sie dazu jedes Fischfilet auf ein Stück Folie, geben Sie eßlöffelweise Sauce über jedes Filet (oder statt Kräuterbutter einen EL Butter und frische gehackte Kräuter) und wickeln Sie sie in die Folie ein. Die Gardauer auf dem Grill beträgt etwa 10–15 Minuten.

Gegrillte Lammkoteletts mit scharfer Sherry-Sauce,
Sauce Provençale und Kräuterbutter

Süßsaures Grillsteak

Vorbereitungszeit:
30 Min. und über Nacht einlegen
Zubereitungszeit:
10 Min.
Für 4 Personen

750 g mageres Steak ohne Knochen (3 cm dick)

Marinade
125 ml Tomatensauce
125 ml Rotweinessig
¼ Becher brauner Zucker
¼ Becher Honig
1 EL Sojasauce
1 EL Worcestersauce
1 EL Dijon-Senf
1 Knoblauchzehe, zerdrückt
frisch gemahlener schwarzer Pfeffer

1 Fettränder vom Steak entfernen.
2 Zubereitung der Marinade: Tomatensauce, Rotwein, Essig, braunen Zucker, Honig, Sojasauce, Worcestersauce, Senf, Knoblauch und Pfeffer in eine Schüssel geben und gut miteinander vermengen.
3 Steak in eine flache Schüssel legen und mit der Marinade übergießen. Schüssel zudecken und Steak mehrere Stunden oder besser über Nacht unter gelegentlichem Wenden kühl stellen und ziehen lassen.
4 Steak abtropfen lassen, die Marinade aufheben. Auf beiden Seiten je nach gewünschtem Garzustand grillen und dabei mit Marinade bestreichen (Medium 6–8 Minuten pro Seite).
5 Das gegrillte Steak auf ein Schneidebrett legen und 5 Minuten ruhen lassen. Dann quer zu den Fleischfasern in dünne Scheiben aufschneiden.

Tip
Zur Prüfung der Garstufe das Fleisch mit der Gabel drücken. Innen blutiges Fleisch gibt bei Druck leicht, durchgebratenes etwas und gut durchgebratenes gar nicht nach.

Sirloin-Steak mit Meerrettich-Béarnaise

Vorbereitungszeit:
40 Min.
Zubereitungszeit:
16 Min.
Für 6 Personen

6 Sirloin-Steaks
1 EL Öl
3 Knoblauchzehen, zerdrückt

Meerrettich-Béarnaise
60 ml Essig
2 Schalotten, gehackt
2 Eigelb
125 g Butter, zerlassen
1 EL Meerrettich

1 Fettränder vom Steak entfernen. Die Steaks mit der Knoblauch/Öl-Marinade bestreichen. Auf jeder Seite 6–8 Minuten grillen (halb durchgebraten). Mit Meerrettich-Béarnaise servieren.
2 Zubereitung des Meerrettich-Béarnaise: Essig und gehackte Schalotten in eine Pfanne geben und kurz aufkochen lassen; danach die Hitze verringern und ohne Deckel einkochen lassen, bis nur noch etwa die Hälfte der Flüssigkeit übrig ist. Schalotten entfernen und Essig abkühlen lassen.
3 Eigelb und Essig im Mixer schaumig schlagen, zerlassene Butter unterrühren; schließlich den Meerrettich zugeben und etwa 30 Sekunden schlagen.

Tip
Zum Wenden des Grillfleischs stets eine Grillzange verwenden. Durch die Gabel wird das Fleisch verletzt, und Saft tritt aus. Dadurch entstehen Stichflammen, und das Fleisch wird trocken und zäh.

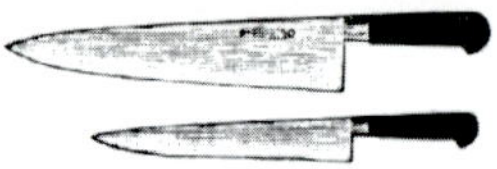

Süßsaures Grillsteak und Sirloin-Steak mit Meerrettich-Béarnaise

Tahini-Lammspießchen

Tahini-Lammspießchen

Vorbereitungszeit: 18 Min.
Zubereitungszeit: 12 Min.
Für 4 Personen

750 g magere Lammfleischwürfel
1 mittelgroße Gurke, der Länge nach aufgeschnitten, entkernt und in Scheiben geschnitten
3 Tomaten, gewürfelt
½ Becher Petersilie, gehackt
4 Schalotten, gehackt
125 ml Tahini
200 g Magerjoghurt
1 Knoblauchzehe, zerdrückt
Saft einer Zitrone
¼ Becher Petersilie extra
1 Prise Cayennepfeffer
1 Prise Paprika
¼ TL gemahlener Kreuzkümmel
knuspriges Weißbrot

1 Fleischwürfel auf 8–12 eingeölte Spieße aufstecken.
2 Gurke, Tomaten, Petersilie und Schalotten in eine Salatschüssel geben und kühl stellen.
3 Die Spieße 10–12 Minuten unter gelegentlichem Wenden grillen, dabei immer wieder mit Öl einstreichen.
4 Währenddessen Tahini, Joghurt, Knoblauch, Zitronensaft, die übrige Petersilie und die Gewürze vermengen.
5 Die Spieße mit Tahini-Dressing, Gurkensalat und Weißbrotscheiben servieren.

Tip
Die Lammspieße können während des Grillens mit einer Marinade aus Öl, Zitronensaft und Dill bestrichen werden.

Orientalische Kalbfleischspieße

Vorbereitungszeit:
6 Min.
Zubereitungszeit:
15 Min.
Für 4 Personen

750 g Kalbfleischstreifen
½ Becher Pflaumensauce
2 TL Sojasauce
1 Knoblauchzehe, zerdrückt
½ TL Ingwer, frisch gerieben
¼ TL Chilies, feingehackt

1 Die Kalbfleischstücke auf acht Holzspieße stecken.
2 Aus Pflaumen- und Sojasauce, Knoblauch, Ingwer und Chili eine Marinade herstellen und die Spieße damit bestreichen. Spieße je Seite 3–4 Minuten grillen, dabei regelmäßig mit Marinade bestreichen.
3 Kalbfleischspieße mit braunem Reis und Salat servieren. Die übrige Marinade kann als Dip verwendet werden.

TIP
Für dieses Rezept eignet sich chinesischer Pflaumensaft am besten. Erhältlich ist er in asiatischen Feinkostgeschäften, mitunter auch im Supermarkt.

Orientalische Kalbfleischspieße

Mexikanische Rinder-Spareribs

Vorbereitungszeit:
1 Std.
Zubereitungszeit:
15 Min.
Für 4 Personen

1,5 kg Rinder-Spareribs
2 Lorbeerblätter
375 ml Wasser
¼ Becher brauner Zucker
1 Knoblauchzehe, zerdrückt

Sauce
½ Becher gehackte Zwiebeln
1 Knoblauchzehe, zerdrückt
1 EL Pflanzenöl
425 g passierte Tomaten
2 EL Apfelessig
1 EL weißer Zucker
1 EL Chilipulver mexikanische Art, nach Belieben
1 TL getrockneter Oregano
1 TL gemahlener Kreuzkümmel
scharfe Pfeffersauce, zum Abschmecken

1 Spareribs und Lorbeerblätter in einen großen Topf geben. Wasser, braunen Zucker und Knoblauch vermengen und über die Spareribs gießen.
2 Topfinhalt zum Kochen bringen, Hitze verringern und abdecken. Zwischen 30–45 Minuten unter gelegentlichem Wenden bei mittlerer Hitze weichkochen.
3 Zubereitung der Sauce: Zwiebeln und Knoblauch in einem kleinen Topf mit Öl anbraten. Passierte Tomaten, Essig und Zucker zugeben, mit Chilipulver, Oregano, Kreuzkümmel und Pfeffersauce abschmecken.
4 Alles zum Kochen bringen. Hitze reduzieren und unter gelegentlichem Rühren 5 Minuten köcheln lassen. Zudecken und warm stellen.
5 Spareribs abtropfen lassen und mit Küchenkrepp abtupfen. 10–15 Minuten lang mit etwa 12 cm Abstand über der Glut grillen, bis sie braun und glasig sind; dabei häufig wenden und mit Sauce bestreichen. Mit der restlichen Sauce servieren.

Senfsteaks

Vorbereitungszeit:
10 Min.
Zubereitungszeit:
12 Min.
Für 6 Personen

6 Rinderfiletsteaks
¼ Becher Senfkörner
2 EL Weinbrand
2 TL Olivenöl
frisch gemahlener schwarzer Pfeffer

1 Fettränder von den Steaks entfernen. Senf, Weinbrand, Öl und Pfeffer vermengen und gleichmäßig über die Steaks verteilen.
2 Die Senfsteaks 4–6 Minuten je Seite grillen (halb durchgebraten).

Senfsteaks und Mexikanische Rinder-Spareribs

Schweinekoteletts Madras

Vorbereitungszeit:
30 Min. und 1 Std. Marinierdauer
Zubereitungszeit:
10 Min.
Für 6 Personen

6 Schweinekoteletts (3 cm dick)
¼ Becher Aprikosenmarmelade
60 ml Aprikosensaft
2 EL Weißwein
1 EL Öl
1 EL Honig
2 TL Madras-Curry
¼ TL Chilipulver

1 Fettränder von den Schweinekoteletts entfernen. Aprikosenmarmelade und -saft, Wein, Öl, Honig, Curry und Chilipulver gut mischen.
2 Schweinekoteletts in eine flache Glasschüssel geben und mit der Aprikosenmischung übergießen. Zugedeckt 1 Stunde bei Zimmertemperatur ziehen lassen.
3 Abtropfen lassen und die Marinade aufheben. Schweinekoteletts über glühenden Kohlen etwa 10 Minuten grillen, dabei ein- bis zweimal wenden und häufig mit der aufgehobenen Marinade bestreichen.

Schinkensteaks mit Mangoglasur und Schweinekoteletts Madras

Tip
Beim Kauf von Schweinefleisch achten Sie darauf, daß das Fleisch leicht rosig ist. Schweinefleisch muß heute nicht mehr lange gegrillt werden. Je kürzer die Zubereitungszeit, um so saftiger das Fleisch.

Schinkensteaks mit Mangoglasur

Vorbereitungszeit:
15 Min.
Zubereitungszeit:
6 Min.
Für 8 Personen

8 Scheiben Kochschinken (1cm dick)
1 EL Öl
1 Dose Mangos (425g), in Scheiben geschnitten
1 EL Orangensaft
1 EL Butter, zerlassen
1 EL brauner Zucker
1 TL frischer Ingwer, gerieben
¼ TL gemahlene Nelken

1 Schinkenscheiben mit einem scharfen Messer an den Rändern im Abstand von jeweils 5 cm einschneiden, damit sie sich nicht wölben. Dann mit Öl einstreichen.
2 Die Mangoscheiben im Mixer pürieren; Orangensaft, Butter, Zucker, Ingwer und Nelken zufügen und etwa 30 Sekunden lang durchmischen.
3 Schinkensteaks etwa 2–3 Minuten je Seite grillen und immer wieder mit der Mangoglasur bestreichen. Steaks sofort servieren, restliche Mangoglasur dazu reichen.

Gegrilltes Filet

Vorbereitungszeit:
20 Min.
Zubereitungszeit:
30 Min.
Für 8 Personen

1,5-2kg Filet
2 EL Öl
1 Knoblauchzehe, zerdrückt
frisch gemahlener schwarzer Pfeffer

1 Das Fleisch enthäuten, Sehnen und Fettränder entfernen und mit der Mischung aus Öl, Knoblauch und Pfeffer bestreichen.
2 Das ganze Stück etwa 30 Minuten grillen. Häufig wenden und mit Marinade bestreichen.
3 Nach dem Grillen vom dünnen Ende her in 1–2 cm dicke Scheiben schneiden. Beim Aufschneiden werden Sie bemerken, daß das Fleisch je nach Dicke unterschiedlich stark gegart ist. Daher können Sie mit einem Stück Rinderfilet Fleisch in sämtlichen Garstufen anbieten; angefangen von durchgebraten über halb durchgebraten (rosa) bis hin zu blutig und blau (fast roh).
4 Mit Meerrettichsauce, Sauce Béarnaise oder Senfsauce servieren.
Die Fleischscheiben kommen auf dünnem Weißbrot besonders zur Geltung.

Tip
Denken Sie daran, daß die besten Grillergebnisse mit langsam glühenden Holzkohlen erzielt werden und nicht mit einem offenen Feuer.

Gegrillte Lammkoteletts mit Gemüse

Vorbereitungszeit:
8 Min.
Zubereitungszeit:
16 Min.
Für 4 Personen

8 magere Lammkoteletts
4 mittelgroße Kartoffeln, gründlich gewaschen
4 Stücke Kürbis
4 mittelgroße Zucchini, in 5 cm dicke Scheiben geschnitten
1 EL Butter
2 TL Schnittlauch, gehackt
450 g ungesüßte Ananasscheiben aus der Dose, abtropfen lassen (Saft auffangen)
2 EL Ingwermarmelade
¼ TL gemahlener Ingwer

1 Fettränder von den Lammkoteletts entfernen. Kartoffeln rundum mit einer Gabel einstechen und mit den Kürbisstücken in Wasser kochen, bis sie eben gar sind.

2 Kartoffeln, Kürbis und Zucchini in 4 Portionen aufteilen, mit jeweils einem Teelöffel Butter oder Margarine und Schnittlauch belegen und in Alufolie einwickeln.

3 Koteletts und Gemüse etwa 4–5 Minuten grillen. 1 Teelöffel Ananassaft mit Marmelade und gemahlenem Ingwer vermengen. Die Koteletts wenden und mit der Marmeladenglasur bestreichen. Das Gemüse wenden und noch einmal 4–5 Minuten weitergrillen. Währenddessen die Koteletts immer wieder mit der Glasur bestreichen.

4 Die Ananasscheiben auf den Grill legen und von beiden Seiten gut anbräunen lassen. Die Koteletts mit Ananas und dem in der Folie gegrillten Gemüse servieren.

Tip

Beim Grillen von Gemüse in Alufolie empfiehlt es sich, das Gemüse aufzuschneiden. Denken Sie immer daran, die Folie vorsichtig zu öffnen, da der entweichende Dampf zu Verbrühungen führen kann.

Gegrillte Lammkoteletts mit Gemüse

Rindfleischspießchen auf brasilianische Art

Rindfleisch-spießchen auf brasilianische Art

Vorbereitungszeit:
18 Min.
Zubereitungszeit:
12 Min.
Für 4 Personen

750 g Rumpsteak
1 EL Honig
1 EL Instant Kaffeepulver
2 TL Zitronensaft
2 Knoblauchzehen, zerdrückt
8 kleine grüne Kürbisstücke
8 kleine gelbe Kürbisstücke
8 Champignons

1 Fettränder entfernen und Steak in 3 cm große Würfel schneiden. Fleischwürfel für 10 Minuten in eine Marinade aus Honig, Kaffeepulver, Zitronensaft und Knoblauch einlegen.
2 Fleischwürfel abwechselnd mit Kürbisstücken und Pilzen auf 8 Holzspieße aufstecken.
3 Die Spieße 4–6 Minuten oder nach gewünschter Garstufe auf jeder Seite grillen.
4 Spieße mit Salat, Gemüse und Reis servieren.

Tip
Holzspieße zuerst in kaltes Wasser einlegen, damit sie auf dem Grill nicht Feuer fangen.

Gewürzte Schweine-Spareribs

Vorbereitungszeit:
40 Min. und 4 Std. Marinierzeit
Zubereitungszeit:
15 Min.
Für 8 Personen

1 kg Schweine-Spareribs
375 ml Hühnerbrühe
60 ml Sojasauce
2 EL Tomatensauce
1 EL Zitronensaft
1 TL Chili-Knoblauch-Sauce

1 Spareribs etwa 10 Minuten in der Hühnerbrühe kochen. Von der Kochplatte nehmen und in der Brühe abkühlen lassen. Spareribs abtropfen lassen und in ein flaches Gefäß legen.
2 Übrige Zutaten mischen und das Fleisch damit bestreichen. Zugedeckt 3–4 Stunden kühl stellen.
3 Spareribs etwa 15 Minuten ca. 15 cm über der Glut grillen. Öfter wenden und mit Marinade bestreichen, bis das Fleisch weich und glasig ist.

Tip
Frisches Schweinefleisch läßt sich gut verpackt an der kühlsten Stelle des Kühlschranks bis zu 3 Tage lang aufbewahren.

Taco-Schweinerippchen

Vorbereitungszeit:
20 Min.
Zubereitungszeit:
40 Min.
Für 4 Personen

2 Lagen Spareribs vom Schwein
160 ml Tomatensauce
3 EL Tacosauce
3 Knoblauchzehen, zerdrückt
1 TL Honig
einige Tropfen rote Lebensmittelfarbe (nach Belieben)

1 Tomatensauce, Tacosauce, Knoblauch und Honig in einer kleinen Schüssel verrühren, gegebenenfalls Lebensmittelfarbe zufügen und gut mischen. Spareribs mit der Marinade bestreichen.
2 Spareribs über mäßig glühenden Kohlen und unter häufigem Wenden und Bestreichen zwischen 30 und 40 Minuten grillen, bis sie durchgebraten sind.

Sherry-Soja-Medaillons mit Obst

Vorbereitungszeit:
30 Min. und 1 Std. Marinierzeit
Zubereitungszeit:
15 Min.
Für 6 Personen

1 EL Majoran oder Salbei, gehackt
2 EL Sojasauce
2 EL Sherry
1 Knoblauchzehe, zerdrückt
6 Schweinemedaillons
250 ml Ananasstücke aus der Dose, abgetropft

12 entsteinte Dessert-pflaumen

1 Die ersten vier Zutaten gut mischen und in einer flachen Schüssel über die Medaillons geben. Ananas und Pflaumen hinzugeben. Eine Stunde zugedeckt ziehen lassen.

2 Fleisch abtropfen lassen, Marinade auffangen. Obst auf 1 oder 2 Spieße stecken. Medaillons über mäßig glühenden Kohlen ca. 7 Minuten grillen; dabei ein- bis zweimal wenden.

3 Die Spieße auf den Grill legen. Die Medaillons gelegentlich wenden und mit Marinade bestreichen, bis das Fleisch nach etwa 7 Minuten weich und das Obst erwärmt ist. Die Medaillons zusammen mit dem Obst servieren.

Tip

Schweinefleisch ist empfindlich; daher darf es beim Grillen keiner zu großen Hitze ausgesetzt werden. Nur über mäßig glühenden Kohlen grillen.

Im Uhrzeigersinn von oben: Gewürzte Schweine-Spareribs, Taco-Schweinerippchen und Sherry-Soja-Medaillons mit Obst

Hamburger-Variationen

Hühner-und Kräuterburger und Paprika-Hamburger

Hamburger gehören zu den einfachsten Grillgerichten und sind bei Kindern und Erwachsenen gleichermaßen beliebt. Die Zubereitung macht genauso viel Spaß wie das Essen. Wir stellen Ihnen sechs Variationen vor, die ebenso unterschiedlich wie schmackhaft sind. Hamburger werden entweder in einem Sesambrötchen mit Salatbeilage oder auf einem Teller mit Salat, Pellkartoffeln und vielen verlockenden Pickles, Chutneys und Relishes gereicht.

Vier Regeln für den perfekten Hamburger

1 Mischung in gleich große Portionen aufteilen.
2 Jede Portion mit feuchten Händen durchkneten, bis sie gut zusammenhält. Daraus je einen Brätling von 2 cm Dicke formen.
3 Brätlinge auf ein Backblech legen und mindestens 30 Minuten lang vor dem Grillen kühl stellen, damit die Masse fest wird.
4 Die Hamburger auf dem Grill nur einmal wenden, damit sie möglichst saftig bleiben.

Hühner-und Kräuterburger

Vorbereitungszeit:
30 Min. und 30 Min. Kühlzeit
Zubereitungszeit:
10 Min.
Ergibt 8 Hamburger

500 g Hühnerbrust
5 bis 6 Schalotten, feingehackt
1 ½ TL frischer Thymian, gehackt
1 Ei, verquirlt
Gewürze zum Abschmecken

1 Hühnchenfleisch fein hacken oder im Mixer pürieren.
2 Übrige Zutaten zugeben, Hamburger formen und kühl stellen.
3 3–5 Minuten auf jeder Seite grillen. Nach Wunsch garnieren.

Paprika-Hamburger

Vorbereitungszeit:
30 Min. und 30 Min. Kühlzeit
Zubereitungszeit:
12 Min.
Ergibt 8 Hamburger

500 g mageres Schweinefleisch
je ½ Becher roter und grüner Paprika, feingehackt
3 EL Maiskörner
1 Becher Paniermehl
1 Ei, verquirlt
Gewürze zum Abschmecken

1 Fleisch durch den Fleischwolf drehen oder im Mixer pürieren.
2 Das Schweinefleisch mit den übrigen Zutaten in einer Schlüssel vermengen. Hamburger formen und kühl stellen.
3 5–6 Minuten auf jeder Seite grillen. Nach Belieben garnieren, servieren.

TIP
Zum Auflegen auf den Grillrost und zum Wenden der Hamburger einen langstieligen Grillspatel verwenden.

Rindfleisch-Hamburger

Vorbereitungszeit:
30 Min. und 30 Min. Kühlzeit
Zubereitungszeit:
10 Min.
Ergibt 8 Hamburger

1 kg mageres Rinderhack
2 Zwiebeln, feingehackt
1 Ei, verquirlt
2 Knoblauchzehen, zerdrückt
1 EL Chilisauce
2 TL Garam Masala
Gewürze zum Abschmecken

1 Alle Zutaten mit den Händen gut durchkneten. Hamburger formen und kühl stellen.
2 3–5 Minuten je Seite grillen. Nach Wunsch garnieren und servieren.

Käse-und Speck-Hamburger

Vorbereitungszeit:
30 Min. und 30 Min. Kühlzeit
Zubereitungszeit:
12 Min.

Ergibt 8 Hamburger

500 g Speck ohne Schwarte, gewürfelt
250 g mageres Schweinehack
½ Becher Cheddar-Käse, grob gerieben
¼ Becher geriebener Parmesankäse
½ Becher Paniermehl
1 Prise Cayennepfeffer
Gewürze zum Abschmecken

1 Speck, Schweinefleisch, Käse, Paniermehl und

Käse-und-Speck Hamburger

Gewürze im Mixer pürieren. Hamburger formen und kühl stellen.

2 Hamburger 6 Minuten je Seite grillen. Nach Wunsch garnieren und auf Brötchen oder Vollkornbrot servieren.

Tip
In diesem Hamburger-Rezept läßt sich das Paniermehl auch durch weißen oder braunen Reis ersetzen. Damit wird die Mischung saftiger.

Bohnen-Hamburger

Vorbereitungszeit:
30 Min. und 30 Min. Kühlzeit
Zubereitungszeit:
12 Min.
Ergibt 3 Hamburger

300 g Kidney-Bohnen, abgetropft
1 Zwiebel, gehackt
1 Karotte, gehackt
2 EL geröstete Sesamkörner
1 Knoblauchzehe, zerdrückt
2 EL Tomatenmark oder Tomatensauce
1 Becher Paniermehl
½ TL Tabasco
Gewürze, zum Abschmecken
1 Ei, verquirlt

1 Sämtliche Zutaten im Mixer pürieren.

2 Zur besseren Bindung der Mischung genügend Ei hinzugeben. Hamburger formen und kühl stellen.

3 Hamburger 5–6 Minuten je Seite grillen. Nach Wunsch garnieren und servieren.

Würzige Lamm-Hamburger

Vorbereitungszeit:
30 Min. und 30 Min. Kühlzeit
Zubereitungszeit:
10 Min.
Ergibt 8 Hamburger

500 g Lammhack
1 Becher Paniermehl
⅓ Becher Rosinen
2 TL gemahlener Zimt
2 TL gemahlener Koriander
1 TL frischer bzw. ¼ TL getrockneter Rosmarin, gehackt
1 Ei, verquirlt

1 Sämtliche Zutaten gut durchkneten; Hamburger formen und kühl stellen.

2 Hamburger 3–5 Minuten je Seite grillen. Nach Wunsch garnieren.

Tip
Finden Sie kein Hackfleisch, kaufen Sie Lammkoteletts, entfernen Fettrand und Knochen und drehen das Fleisch durch den Fleischwolf.

Meeresfrüchte und Geflügel

Hühnerbrust mit Kreuzkümmel und Limonen; Garnelen mit Knoblauch und Chili

Bei Fisch, Meeresfrüchten und Geflügel handelt es sich von Natur aus um zartes und schmackhaftes Fleisch; das gilt um so mehr, wenn es über Holzkohle gegrillt wird. Fisch und Meeresfrüchte dürfen nur kurz gegrillt und keiner großen Hitze ausgesetzt werden. Es eignen sich ganze frische Fische, Fischkoteletts oder Filets. Ganze Fische kann man in speziellen Grillkörbchen oder in Alufolie grillen. Koteletts oder Filets lassen sich entweder direkt auf dem eingeölten Grillrost bzw. der -platte braten oder in Alufolie einwickeln. Fische müssen während des Grillens mit Marinade bestrichen und häufig gewendet werden.

Zum Grillen eignet sich Geflügel aller Art. Ganze Hähnchen gelingen am besten, wenn man zuvor das Rückgrat entfernt und sie flach auf den Grill legt. Enten und Wachteln sind bestens zum Grillen geeignet. Damit das Geflügel würzig schmeckt und saftig bleibt, sollte man es über Nacht einlegen und während des Grillens häufig mit Marinade oder gewürztem Öl bestreichen.

Hühnerbrust mit Kreuzkümmel und Limonen

Vorbereitungszeit:
20 Min.
Zubereitungszeit:
16 Min.
Für 6 Personen

6 Hühnerbrüste ohne Knochen
1 TL gemahlener Kreuzkümmel
Saft von 1 oder 2 Limonen
frisch gemahlener Pfeffer
Pflanzenöl

1 Hühnerbrüste gegebenenfalls enthäuten und mit Kreuzkümmel, Limonensaft und Pfeffer einreiben.
2 Über mittelheißer Glut 5–8 Minuten grillen, bis das Fleisch weich ist (enthäutetes Hühnchen leicht mit Öl beträufeln, um möglichst zu vermeiden, daß es anbrennt).
3 Mit Limonenbutter servieren.

Tip
Durch Bestreichen mit gewürztem Öl erhält das Fleisch einen besonderen Beigeschmack und bleibt saftig.

Tip
Eine schmackhafte und rasch herzustellende Marinade für gegrillte Garnelen besteht aus jeweils gleichen Teilen Sojasauce, Teriyaki-Sauce und Zitronensaft.

Garnelen mit Knoblauch und Chili

Vorbereitungszeit:
40 Min. und über Nacht ziehen lassen
Zubereitungszeit:
4 Min.
Für 4 Personen

750 g Königsgarnelen
200 ml Olivenöl
4 Knoblauchzehen, zerdrückt
½ EL Chilisauce (nach Belieben)
½ EL abgeriebene Zitronenschale
1 TL Zucker
½ TL schwarzer Pfeffer, grob zerstoßen

1 Garnelen schälen und ausnehmen (den Schwanz intakt lassen) und in eine Glasschüssel legen.
2 Öl, Knoblauch, Chilisauce, Zitronenschale, Zucker und Pfeffer gut vermengen. Über die Garnelen geben und darauf achten, daß sie gleichmäßig bedeckt sind. Zugedeckt über Nacht ziehen lassen.
3 Die Garnelen auf einer gut geölten Grillplatte 3–4 Minuten braten und dabei regelmäßig mit Marinade bestreichen. Nicht zu lange grillen.

Gegrillte Fischfilets

Vorbereitungszeit:
20 Min. und 30 Min. ziehen lassen
Zubereitungszeit:
6 Min.
Für 4 Personen

4 mittelgroße weiße Fischfilets
2 EL Zitronensaft
1 EL Olivenöl
1 kleine Zwiebel, feingehackt
1 EL Petersilie, gehackt
1 EL Pernod
frisch gemahlener schwarzer Pfeffer

1 Fischfilets in eine flache Glasschüssel legen. Zitronensaft, Öl, Zwiebeln, Petersilie, Pernod und Pfeffer mischen und über die Filets geben. 30 Minuten lang zugedeckt ziehen lassen.

2 Fischfilets 3 Minuten je Seite auf einer Grillplatte braten und dabei mit Öl bestreichen.

3 Gegrillten Fisch mit Zitronenscheiben, Petersi-

Kabeljaukoteletts Madrid; Gegrillte Fischfilets

lie und Basilikummayonnaise servieren.

Tip
Achten Sie beim Kauf darauf, daß der Fisch angenehm nach Meer riecht, ein festes, glänzendes Fleisch und keine Verfärbungen hat. Bei Berührung sollte kein Wasser austreten.

Kabeljaukoteletts Madrid

Vorbereitungszeit:
30 Min. und 2 Std. ziehen lassen
Zubereitungszeit:
8 Min.
Für 6 Personen

6 Kabeljaukoteletts

Marinade
160 ml Orangensaft
80 ml Limonensaft
2 EL Olivenöl
2 Knoblauchzehen, zerdrückt
1 EL grüne Pfefferkörner, grob zerstoßen
½ TL getrockneter Oregano
¼ TL gemahlener Kreuzkümmel

1 Zitronen- und Orangensaft, Öl, Knoblauch, Pfefferkörner, Oregano und Kreuzkümmel gut miteinander vermengen.
2 Fischkoteletts in eine flache Glasschüssel legen und mit der Marinade übergießen. Mehrere Stunden ziehen lassen.
3 Koteletts auf jeder Seite 3–4 Minuten lang auf einer gut gefetteten Grillplatte braten und häufig mit Marinade bestreichen. Mit Limonenscheiben servieren.

Chili-Fisch in Alufolie

Vorbereitungszeit:
20 Min.
Zubereitungszeit:
10 Min.
Für 4 Personen

4 entgrätete Fischfilets
2–3 TL Chilischoten, gehackt
1 Zwiebel, in dünne Scheiben geschnitten
2 Tomaten, in dünne Scheiben geschnitten
Saft 1 Zitrone
1 EL Olivenöl
1 EL Petersilie, gehackt
Gewürze zum Abschmecken

1 Fischfilets auf ein quadratisches Stück Alufolie legen und mit Chilies bestreuen.
2 Zwiebelringe und Tomaten auflegen. Mit Zitronensaft, Öl, Petersilie, Salz und Pfeffer bestreuen.
3 Jedes Filet fest in die Folie einpacken und 10–15 Minuten lang auf einer Grillplatte braten, bis der Fisch bei Berührung mit einer Gabel leicht zerfällt.
Hinweis: Statt Zitronensaft lassen sich auch zwei Eßlöffel Weißwein verwenden.

Chili-Fisch in Alufolie

Gegrillte Hühnchenflügel süßsauer

Vorbereitungszeit:
30 Min. und 1 Std. ziehen lassen
Zubereitungszeit:
45 Min.
Für 10 Personen

1,5 kg Hühnchenflügel
1 Becher Aprikosenmarmelade
2 EL Weißweinessig
1 EL Sojasauce
1 EL Tomatensauce
1 EL Öl
1 Knoblauchzehe, zerdrückt

1 Von den Flügeln die Spitzen abschneiden und das Fett entfernen.
2 Aprikosenmarmelade, Essig, Sojasauce, Tomatensauce, Öl und Knoblauch in einen kleinen Topf geben und bei mäßiger Hitze miteinander vermengen. Sauce über die Hühnchenflügel geben und gut vermischen. Zugedeckt etwa 1 Stunde ziehen lassen.
3 Überschüssige Marinade von den Hühnerflügeln abtropfen lassen. Hühnerflügel auf ein großes Backblech legen und im Rohr bei mäßiger Hitze (180 °C) 30 Minuten lang braten (eventuell 125 ml Wasser zufügen, damit die Flügel nicht auf dem Backblech kleben bleiben). Nach 15 Minuten wenden.
4 Flügel aus dem Rohr nehmen und noch weitere 10–15 Minuten über glühenden Kohlen grillen, gegebenenfalls mit Öl bestreichen.

Tip
Hühnchenflügel können als Hauptgericht oder als Appetitanreger serviert werden. Stellen Sie den Gästen ausreichend Servietten und kleine Schüsseln für die Knochen zur Verfügung.

Hühnerkeulen mit Orangenglasur

Vorbereitungszeit:
20 Min.
Zubereitungszeit:
35 Min.
Für 6 Personen

12 Hühnerkeulen
3 EL Orangenmarmelade
1 EL Orangensaft
1 EL Senfkörner
1 TL Zitronensaft
1 TL gemahlener Koriander

1 Orangenmarmelade, Orangensaft, Senf, Zitronensaft und Koriander gut miteinander vermengen.
2 Den Grillrost leicht einölen, die Hühnerkeulen darauflegen und jede Keule mit der Orangenglasur etwas bestreichen. Die Hühnerkeulen etwa 30–35 Minuten grillen; mit einem Spieß Garprobe machen. Während des Grillens mit der Glasur bestreichen und darauf achten, daß sie nicht zu schnell bräunen.

Hühnchenkebab mit Ingwer

Vorbereitungszeit:
30 Min. und 2 Std. ziehen lassen
Zubereitungszeit:
15 Min.
Für 6 Personen

750 g ausgelöste Hühnerkeulen
125 ml Weißwein
1 EL Honig
1 EL Sesamöl
1 EL frisch geriebener Ingwer
¼ TL chinesische Würzmischung (5 Gewürze)
¼ TL Chilipulver

1 Hühnerfleisch in 3 cm große Würfel schneiden und gleichmäßig auf 12 Spieße aufstecken.
2 Wein, Honig, Sesamöl, Ingwer, Würzmischung und Chili miteinander vermengen. Über die Hühnchenspieße geben und zugedeckt mehrere Stunden bzw. über Nacht kühl stellen.
3 Hühnchen 10–15 Minuten über glühenden Kohlen grillen; häufig wenden und gegebenenfalls mit Öl bestreichen.

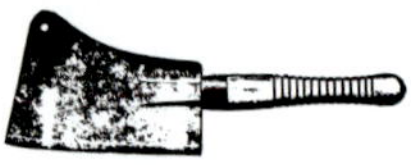

Gegrillte Hühnchenflügel süßsauer, Hühnerkeulen mit Orangenglasur und Hühnchenkebab mit Ingwer

Süßscharfe Poularden

Vorbereitungszeit:
40 Min. und 24 Std. ziehen lassen
Zubereitungszeit:
30 Min.
Für 8 Personen

2 junge Poularden, halbiert und gereinigt

Marinade

825 g Pflaumen aus der Dose, abgetropft und entsteint
1 Zwiebel, grob gehackt
2 Knoblauchzehen, zerdrückt
60 ml Rotwein
60 ml Teriyaki-Sauce
2 EL Chilisauce
Saft 1 Zitrone
1 TL Sesamöl
frisch gemahlener Pfeffer

1 Jede Poulardenhälfte 3 bis 4 mal tief einschneiden und zur Seite legen.
2 Zubereitung der Marinade: sämtliche Zutaten mit einem Mixer gut durchrühren.
3 Hühnchenteile mit der Hautseite nach unten in eine flache, feuerfeste Schüssel legen und mit Marinade übergießen. Poularden wenden, damit sie gleichmäßig bedeckt sind. Im Kühlschrank zugedeckt und unter häufigem Wenden und Bestreichen mindestens 24 Stunden ziehen lassen.
4 Poulardenhälften abtropfen lassen. Auf beiden Seiten jeweils 15 Minuten grillen und regelmäßig mit Marinade bestreichen.

TIP
Poularden sind junge Masthähnchen. Sie sollten unter Durchtrennung des Rückgrats der Länge nach halbiert werden.

Süßscharfe Poularden

Süßscharfe Lachskoteletts

Süßscharfe Lachskoteletts

Vorbereitungszeit:
30 Min. und 3 Std. ziehen lassen
Zubereitungszeit:
4 Min.
Für 6 Personen

6 Lachskoteletts
Schale und Saft von 2 Limonen
2 EL Honig
2 EL Sojasauce
1 EL Chilisauce
2 EL körniger Senf
½ TL Sesamöl
frisch gemahlener schwarzer Pfeffer

1 Alle Zutaten außer dem Lachs in einer flachen Schüssel verrühren. Den Lachs zugeben und in der Marinade wenden.

2 Schüssel zudecken und unter häufigem Wenden 2–3 Stunden im Kühlschrank ziehen lassen.

3 Auf jeder Seite 2 Minuten grillen und häufig mit Marinade bestreichen. Mit zusätzlicher Sojasauce, Limonensaft und Sesamöl servieren.

Tip
Lachs ist ein äußerst empfindlicher Fisch, der sorgfältig behandelt werden muß. Nicht zu lange grillen, er sollte in der Mitte etwas dunkler sein. Zur Überprüfung können Sie die Mitte leicht einschneiden.

Rezepte für den Kessel

Gegrillte Schweinelende mit Ingwer

Kesselgrills haben in letzter Zeit enorm an Beliebtheit gewonnen. Fleisch, Geflügel und Meeresfrüchte erhalten in einem Kesselgrill ein vorzügliches Aroma und bleiben saftig. Das Geheimnis liegt in der Konstruktion dieser runden Grills, mit denen man nicht nur grillen, sondern auch große Fleisch- und Bratenstücke, Gemüse rösten und sogar Desserts backen kann.

Bei den hier angegebenen Rezepten für den Kesselgrill sind wir von einem normalen Feuer und indirekter Hitze ausgegangen. Dazu werden die Zutaten zwischen zwei Lagen Glut direkt über ein Alublech gelegt.

Bitte sehen Sie zuerst in der Gebrauchsanweisung Ihres Kesselgrills nach, bevor Sie mit der Zubereitung der Rezepte beginnen.

Gegrillte Schweinelende mit Ingwer

Vorbereitungszeit:
40 Min. und über Nacht einlegen
Zubereitungszeit:
2 Std.
Für 8 Personen

2 EL frischer Thymian, feingehackt
1 EL Dijon-Senf
2,5 kg Schweinerollbraten
125 ml grüner Ingwerwein, trockener Sherry oder Weißwein
60 ml Sojasauce
60 ml Pflanzenöl
2 große Knoblauchzehen, zerdrückt
Brunnenkresse zum Garnieren

1 Thymian und Senf verrühren und den Braten damit einreiben. In eine flache Bratform legen.

2 Ingwerwein, Sojasauce, Öl und Knoblauch mischen und über das Fleisch geben. Zugedeckt über Nacht kühl stellen; den Braten dabei häufig in der Marinade wenden.

3 Braten 1 Stunde vor dem Grillen aus dem Kühlschrank nehmen und bei Zimmertemperatur ziehen lassen. Aus der Marinade nehmen und mit Küchenkrepp trockentupfen. Marinade aufbewahren.

4 Braten auf den Rost über dem Blech legen. Nach jeweils 15 Minuten wenden, bis er von allen Seiten gut gebräunt ist. Rost in die maximale Entfernung von den Kohlen bringen. Kuppeldeckel schließen.

5 Braten etwa 1 ½ Stunden lang weitergrillen, wenden und immer wieder mit Marinade bestreichen, bis das Fleisch zart ist und beim Einstechen mit einem Spieß klarer Saft austritt.

6 Braten mit Alufolie zugedeckt 10 Minuten auf einem Schneidbrettchen ziehen lassen. Bindfaden entfernen und in dünne Scheiben schneiden. Mit Brunnenkresse garnieren.

Gegrillte Würstchen

Vorbereitungszeit:
20 Min.
Zubereitungszeit:
20 Min.
Ergibt 1 kg

1 kg Schweinswürste

Glasur

½ Becher brauner Zucker
1 TL Senfkörner
2 EL Tomatensauce

1 Würstchen auf den Grill legen und Deckel schließen. Dicke Würstchen 15–20 Minuten, dünne Würstchen lediglich 10–15 Minuten grillen.

2 Zur Glasur der Würstchen braunen Zucker, Senf und Tomatensauce miteinander vermengen. In einem geeigneten Topf erwärmen, bis sich der Zucker ganz gelöst hat. Während des Grillens Würste gelegentlich mit dieser Glasur bestreichen.

Gegrilltes Rindfleisch mit Zitronen-Senf-Butter

Vorbereitungszeit:
20 Min.
Zubereitungszeit:
40 Min.
Für 6 Personen

1 kg Rindfleisch
Olivenöl
3 Knoblauchzehen, zerdrückt
2 EL Pfefferkörner, grob gemahlen

1 Fettränder entfernen und Braten mit Olivenöl und Knoblauch einstreichen. Pfefferkörner gleichmäßig über den Braten verteilen.
2 Braten auf den Rost überhalb des Blechs legen. Bei geschlossenem Deckel 40 Minuten grillen (halb durchgebraten).
3 Vor dem Aufschneiden 10 Minuten ruhen lassen. Mit Zitronen-Senf-Butter servieren.

Zitronen-Senf-Butter

125 g Butter
2 EL Petersilie, gehackt
1 EL Senfkörner
1 EL Zitronensaft
1 EL geriebene Zitronenschale

Butter und Petersilie miteinander vermengen, danach Senf, Zitronensaft und Zitronenschale unterziehen. Die Mischung zu einer Rolle formen. Butter in 1 cm dicke Scheiben schneiden und über dem Grillbraten zerlaufen lassen.

Gegrilltes Rindfleisch mit Zitronen-Senf-Butter

Grillhühnchen mit Chili und Koriander

Grillhühnchen mit Chili und Koriander

Vorbereitungszeit:
20 Min. und 1 ½ Std. Marinierzeit
Zubereitungszeit:
50 Min.
Für 4 Personen

1 kg Hühnerkeulen

Marinade
125 ml Sojasauce
2 EL Zitronensaft
2 EL Honig
1 EL Sesamöl
3 frische Chilischoten, feingehackt
2 EL Koriander, feingehackt

1 Sojasauce, Zitronensaft, Honig, Sesamöl, Chili und Koriander in einer großen Schüssel gut miteinander vermengen. Die Hühnerkeulen hinzufügen und in der Marinade mehrmals wenden. Anschließend die Hühnerkeulen in den Kühlschrank stellen und für 1 ½ Stunden zugedeckt ziehen lassen.

2 Hühnerkeulen aus der Marinade nehmen und auf den Grill legen. Bei geschlossenem Deckel etwa 40–45 Minuten lang grillen.

3 Mit zusätzlicher Sojasauce sowie gehackten Chilischoten und Koriander servieren.

Gebackener Fisch mit Knoblauch und Kräutern

Gebackener Fisch mit Knoblauch und Kräutern

Vorbereitungszeit:
20 Min.
Zubereitungszeit:
50 Min.
Für 4 Personen

1 ganzer Fisch, etwa 2,5 kg
60 g Butter, zerlassen
2 Knoblauchzehen, zerdrückt
2 EL frische Kräuter, gehackt
Zitronensaft
frisch gemahlener schwarzer Pfeffer

1 Fisch schuppen und waschen und aufrecht auf ein Stück gefettete Alufolie setzen, wobei die Flossen zur Abstützung dienen. Mit einer Mischung aus Butter, Knoblauch und Kräutern bestreichen und Zitronensaft darüberträufeln. Mit Pfeffer würzen. Fisch fest in die Folie einpacken.
2 Etwa 40–50 Minuten bei geschlossenem Deckel grillen.

Tip
Fleisch oder Fisch niemals vor dem Grillen salzen, da das Salz Feuchtigkeit entzieht. Dadurch wird das Grillgut zäh und trocken.

Lammkeule mit Rosmarin und Knoblauch

Vorbereitungszeit:
20 Min.
Zubereitungszeit:
1 ¾ Std.
Für 8 Personen

1,5 kg Lammkeule
Olivenöl
2 Knoblauchzehen, in kleine Stücke geschnitten
2 EL Rosmarin
frisch gemahlener schwarzer Pfeffer

Lamm mit Öl bestreichen, mit kleinen Schlitzen versehen, Knoblauch und Rosmarin einsetzen; mit Pfeffer würzen. Auf einen Rost über dem Blech legen. Bei geschlossenem Deckel je nach gewünschter Garstufe 1 ½ bis 1 ¾ Stunden grillen.

Lammkeule mit Rosmarin und Knoblauch

Marinaden, Saucen und Relishes

Im Uhrzeigersinn von links oben: Honig-Ingwer-Sauce, Kräuteröl, Limonen-Dill-Marinade, Würzige Chutney-Glasur und Quick-Cupboard-Marinade

Mariniertes Grillfleisch sorgt immer wieder für geschmackliche Überraschungen. Egal für welches Fleisch Sie sich auch entscheiden – Rind-, Lamm-, Schweine-, Hühnerfleisch oder Wild – die hier vorgestellten Marinaden passen immer. In der Regel sollte man das Fleisch 24 Stunden vor dem Grillen einlegen; je länger, um so intensiver wird das Fleisch schmecken. Normalerweise reicht es aber, wenn das Fleisch über Nacht eingelegt wird.

Die Grundlage einer Marinade bilden gleiche Mengen an Öl und einer Säure wie Wein oder Zitronensaft. Durch das Öl bleibt das Fleisch saftig, und durch die Säure wird es zart. Dieser Grundlage kann man nun Aromastoffe hinzufügen: zerdrückten Knoblauch, Gewürze und Kräuter (ideal sind beispielsweise Oregano, Rosmarin und Basilikum). Dazu kann auch ein guter Schuß Teriyaki-, Soja- oder Worcestersauce sowie Senf kommen. Sie brauchen sich aber nicht streng daran zu halten – entdecken Sie neue Kreationen. Honig und Zitrusfrüchte harmonieren gut mit Huhn, Ente oder Wachtel; Schweinefleisch schmeckt dagegen hervorragend mit einer Marinade aus Sojasauce, braunem Zucker und frisch geriebenem Ingwer.

Zum Würzen von zarten Fleischstücken oder Meeresfrüchten können Sie die Marinade auch während des Grillens auftragen. Dabei kann es sich um gewürzten Essig oder Öl handeln, oder auch um aufwendigere Marinaden aus Honig, braunem Zucker, Zitronen- und Orangensaft, Orangenmarmelade und Gewürzen.

Wir haben daneben noch einige beliebte Relishes, Senfarten und Saucen aufgenommen, die zum gegrillten Fleisch gereicht werden können. Diese schmackhaften Beigaben ergänzen sich hervorragend mit dem Rauchgeschmack gegrillten Fleisches, Geflügels, Fisches und gegrillter Meeresfrüchte. Aromatisierte Butter ist eine einfache Garnierung und dient als schmackhaftes Dressing, wenn sie über dem Grillfleisch zerläuft.

Quick-Cupboard-Marinade

Diese Marinade eignet sich für Rind- und Lammfleisch.

Vorbereitungszeit:
10 Min.
Zubereitungszeit:
keine
Ergibt 300 ml

125 ml Öl
125 ml Rotwein
2 EL Barbecue-Sauce
2 EL Tomatensauce
1 TL Worcestersauce
1 TL Chili-Sauce
½ TL gemahlener Pfeffer

Sämtliche Zutaten gut miteinander vermengen.

Limonen-Dill-Marinade

Diese Marinade eignet sich ideal für Wachteln oder Huhn.

Vorbereitungszeit:
10 Min.
Zubereitungszeit:
keine
Ergibt 300 ml

125 ml Olivenöl
125 ml Limonensaft
60 ml Weißwein
2 EL Dill, feingehackt
2 TL Zucker
2 TL Sesamöl

Alle Zutaten gut vermengen.

Honig-Ingwer-Sauce

Diese Sauce eignet sich zum Bestreichen von Schweine-, Hühner- oder Lammfleisch.

Vorbereitungszeit:
10 Min.
Zubereitungszeit:
keine
Ergibt: 325 ml

125 ml Ananassaft
125 ml Orangensaft
¼ Becher Honig
2 EL Öl
1 EL frischer Ingwer, gerieben

Sämtliche Zutaten gut mischen. Fleisch während des Grillens damit bestreichen.

Würzöl

Vorbereitungszeit:
10 Min. und 5 Tage ziehen lassen
Zubereitungszeit:
2 Min.
Ergibt 500 ml

500 ml Pflanzenöl
10–12 EL frische Kräuter, feingehackt (siehe Hinweis)
frische Kräuterschößlinge

1 Öl im Wasserbad erwärmen. Kräuter zufügen. Vom Herd nehmen und 5 Tage durchziehen lassen.
2 Öl in eine sterilisierte Flasche abseihen. Einen frischen Kräuterschößling zufügen. An einem kühlen Ort lagern.
Hinweis: Verwenden Sie Basilikum, Knoblauch oder Salbei zur Aromatisierung oder experimentieren Sie mit anderen Kräutern Ihrer Wahl.

Tip
Das aromatisierte Öl läßt sich auch als Grundlage für ein Salatdressing verwenden.

Würzige Chutney-Glasierung

Diese Glasierung paßt besonders gut zu Lamm- und Schweinefleisch.

Vorbereitungszeit:
10 Min.
Zubereitungszeit:
keine
Ergibt 325 ml

½ Becher Chutney-Früchte
60 ml Butter, zerlassen
60 ml Zitronensaft
60 ml Wasser
2 TL Curry
½ TL gemahlener Ingwer
½ TL Zimt

Sämtliche Zutaten gut miteinander vermengen. Während des Grillens das Fleisch damit einstreichen.

Tip
Zur Vereinfachung des Einstreichens bewahren Sie die Glasierung in einem kleinen Gefäß auf. Bestreichen Sie das Grillgut regelmäßig, damit es gleichmäßig gewürzt wird und saftig bleibt.

Honig-Soja-Marinade

Diese Marinade eignet sich ideal für Schweinefleisch. Wenn Sie mögen, können Sie noch 2 Teelöffel Sesamöl zufügen.

Vorbereitungszeit:
10 Min.
Zubereitungszeit:
keine
Ergibt 325 ml

½ Becher Honig
125 ml Weißwein
60 ml Sojasauce
60 ml Öl
2 Knoblauchzehen, zerdrückt
Gewürze zum Abschmecken

Sämtliche Zutaten gut vermengen.

Tip
Honig läßt sich leichter abmessen, wenn das Meßgefäß mit warmem Wasser ausgespült wurde und der Honig Zimmertemperatur hat.

Zitronen-Knoblauch-Marinade

Diese Marinade eignet sich hervorragend für Huhn und Fisch.

Vorbereitungszeit:
10 Min.
Zubereitungszeit:
keine
Ergibt 325 ml

Saft und Schale von 6 Zitronen
125 ml Weißwein
125 ml Öl
4 Knoblauchzehen, zerdrückt
½ Becher frische Petersilie, gehackt
Gewürze zum Abschmecken

Sämtliche Zutaten gründlich miteinander verrühren.

Kräuterbutter

Kräuterbutter

Vorbereitungszeit:
30 Min.
Zubereitungszeit:
keine
Ergibt 15 Portionen

125 g Butter (Zimmertemperatur)
3 EL frische Kräuter, gehackt (z.B. Estragon, Schnittlauch, Basilikum, Petersilie, Dill, Oregano) bzw. 2 TL getrocknete Kräuter
1 EL Zwiebel, feingehackt
1 EL Zitronensaft
frisch gemahlener schwarzer Pfeffer

1 Alle Zutaten in einer kleinen Schüssel mischen.
2 Die Mischung zu einer 15 cm langen Rolle formen und auf ein Stück Alufolie legen. Gut einwickeln. Die Enden fest eindrehen, um die Butter zusammenzudrücken.
3 Zur Aufbewahrung in die Tiefkühltruhe legen (bis zu 2 Monaten haltbar).
4 Butter in 1 cm dicke Scheiben schneiden und servieren. Jeweils ein Stück auf das Grillgut geben (Fleisch, Fisch oderHuhn).

Tip

Kräuterbutter kann auch in einer Butterdose serviert werden, damit sich die Gäste selbst bedienen können. Sie paßt zu gegrilltem Fleisch, Fisch, Meeresfrüchten, Kartoffeln und Brot.

Orangen-Johannisbeer-Sauce

Diese Sauce eignet sich vor allem für Ente, Huhn oder Schwein.

Vorbereitungszeit: 10 Min.
Zubereitungszeit: keine
Ergibt 1 ½ Becher

125 ml Orangensaft
½ Becher rotes Johannisbeergelee
2 EL Sherry
2 EL Sojasauce
1 EL brauner Zucker

Alle Zutaten vermengen. Während des Grillens das Fleisch damit bestreichen.

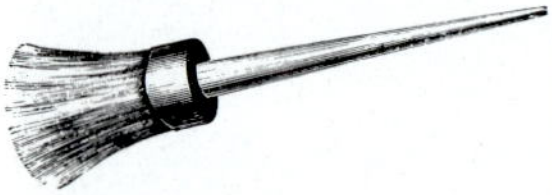

Johannisbeer-Senf-Relish

Vorbereitungszeit: 15 Min.
Zubereitungszeit: keine
Ergibt 1 Becher

⅔ Becher Senfkörner
⅓ Becher rotes Johannisbeergelee
2 EL Meerrettich-Relish

Alle Zutaten in einem Mixer oder von Hand gut mischen.

Kräutersenf

Vorbereitungszeit: 20 Min.
Zubereitungszeit: keine
Ergibt 2 Becher

¼ Becher weiße Senfkörner
1 Becher Mandeln, geschält
250 ml Öl
250 ml Weißweinessig
60 ml Sherry
1 EL frischer Schnittlauch, gehackt
1 EL frische Petersilie, gehackt
1 EL frischer Dill, gehackt

1 Senfkörner und Mandeln im Mixer fein zermahlen.
2 Übrige Zutaten mischen, langsam unterheben und Masse cremig schlagen.
3 In sterilisierte Gläser abfüllen. Fest verschließen und an einem kühlen Ort aufbewahren.

Tip
Bei diesem Rezept können Kräuter aller Art verwendet werden.

Scharfe Senfsauce

Vorbereitungszeit: 40 Min.
Zubereitungszeit: keine
Ergibt 3 Becher

½ Becher schwarze Senfkörner
½ Becher gelbe Senfkörner
1 TL Pfefferkörner, grob zerstoßen
250 ml Öl
250 ml Weißweinessig
250 ml Weißwein
2 TL frische Kräuter nach Wahl, gehackt
2 Eigelb, verquirlt

1 Sämtliche Zutaten, außer dem Eigelb, in einer mittelgroßen Schüssel gut vermengen.
2 Die Schlüssel über einen Topf mit siedendem Wasser stellen und Eigelb vorsichtig mit dem Schneebesen unterheben. Die Mischung weiter mit dem Schneebesen durchrühren, bis sie dickflüssig und cremig ist.
3 In sterilisierte Gläser abfüllen. Fest verschließen und an einem kühlen Ort aufbewahren.

Tips
- Senfkörner sind in asiatischen Feinkostgeschäften und Reformhäusern erhältlich.
- Alle Gewürze in luftdichten Gefäßen an einem dunklen und kühlen Ort aufbewahren.

Scharfe Senfsauce, Kräutersenf und Johannisbeer-Senf-Relish

Frischer Aprikosen-Relish

Vorbereitungszeit: 40 Min.
Zubereitungszeit: 40 Min.
Ergibt 5 Becher

1 kg frische Aprikosen, halbiert und entsteint
375 g Zwiebeln, gehackt
2 Becher brauner Zucker
1 ½ Becher Rosinen
375 ml Apfelessig
¼ Becher eingelegter Ingwer, gehackt
1 EL weiße Senfkörner
2 kleine rote Chilischoten ohne Kerne, feingehackt
2 TL Salz
½ TL Zimt

1 Aprikosen klein schneiden und mit allen anderen Zutaten in einen großen schweren Topf geben. Bei mäßiger Hitze rühren, bis sich der Zucker gelöst hat.

2 Zum Kochen bringen, dann Hitze herunterschalten. Ohne Deckel etwa 40 Minuten lang unter gelegentlichem Umrühren köcheln lassen, bis die Mischung dickflüssig geworden ist.

3 In warme, sterilisierte Gläser abfüllen, verschließen und an einem kühlen und lichtgeschützten Ort aufbewahren. Nach dem Öffnen kühl stellen.

Salate und Gemüse

Im Uhrzeigersinn von oben: Frühlings-Krautsalat, Spinatsalat mit Räucherspeck sowie Marinierte Zucchini und Tomaten mit Minze

Salat ist ein wesentlicher Bestandteil jedes Grillfests. Die Zutaten können einfach oder exotisch sein – auf jeden Fall aber müssen sie je nach Saison frisch sein. Die meisten Salatzutaten kann man bereits einige Zeit vor dem Servieren herrichten, anmachen sollte man Salat aber erst kurz vor dem Servieren. Ein grüner Salat mit frischen Kräutern und einem Dressing aus gutem Essig und Öl ist unübertrefflich. Sie brauchen dann nur noch ein oder zwei zusätzliche Salate Ihrer Wahl zubereiten; dabei sollten Sie aber auch Geschmack, Farbe und Konsistenz der anderen Speisen berücksichtigen.

Gemüse eignet sich hervorragend zum Grillen. Leicht mit Öl bestrichen kann es sofort auf die Grillplatte oder den Rost gelegt werden. Vergessen Sie nicht, das Gemüse immer wieder mit Öl oder einer Mischung aus Sojasauce, Zitronensaft und Kräutern zu bestreichen. Sie können Gemüse auch in hitzebeständige Alufolie einwickeln. Beträufeln Sie es mit zerlassener Butter und Knoblauch und wickeln Sie es fest ein; lassen Sie aber auch eine Öffnung für den entweichenden Dampf. Und passen Sie beim Auspacken auf. Gemüse nie zu lange grillen – am besten schmeckt es, wenn es noch Biß hat.

Spinatsalat mit Räucherspeck

Vorbereitungszeit:
30 Min.
Zubereitungszeit:
keine
Für 8 Personen

6 Scheiben Räucherspeck, gewürfelt
500 g Spinat, ohne Stiele, in mundgerechte Stücke zerpflückt
½ Bund Brunnenkresse, zerkleinert
1 Zwiebel, in Ringe geschnitten
125 g Pilze, in Scheiben geschnitten
Vinaigrette-Dressing (siehe Seite 45)

1 Speckwürfel in einer trockenen Pfanne bei mittlerer Hitze knusprig braten. Abtropfen lassen und beiseite legen.
2 Spinat, Brunnenkresse, Zwiebel und Pilze in eine Servierschüssel geben. Kurz vor dem Servieren Dressing und Speck hinzugeben und gut umrühren.

Marinierte Zucchini und Tomaten mit Minze

Vorbereitungszeit:
40 Min. und über Nacht ziehen lassen
Zubereitungszeit:
keine
Für 10 Personen

1 kg geschälte Zucchini
4 mittelgroße Tomaten
125 ml Olivenöl
2 Knoblauchzehen, feingehackt
2 EL frische Pfefferminze, grob geschnitten
½ TL Salz
frisch gemahlener schwarzer Pfeffer
125 ml Weißweinessig

1 Zucchini in 5 cm dicke Scheiben schneiden.
2 In einer großen Pfanne Öl erhitzen. Zucchinischeiben etwa 3 Minuten nebeneinander braten, bis sie auf beiden Seiten goldbraun sind, und mit einem Spatel in eine Servierschüssel geben.
3 Tomaten in Scheiben schneiden und über die Zucchini in die Servierschüssel legen. Mit Knoblauch, Pfefferminze, Salz und Pfeffer abschmecken.
4 Essig zum Kochen bringen und über Zucchini und Tomaten gießen.
5 Abdecken und mindestens eine Nacht ziehen lassen; vor dem Servieren ein- bis zweimal vorsichtig umrühren.

Tip

Dieses Rezept kann bereits einige Tage im voraus vorbereitet werden und eignet sich hervorragend als Beilage zu gegrillten Braten- oder Geflügelgerichten.

Frühlings-Krautsalat

Vorbereitungszeit:
40 Min.
Zubereitungszeit:
keine
Für 8 Personen

6 Becher Grünkohl, geraspelt
2 Orangen, geschält, entkernt und zerteilt
1 großer roter Apfel, entkernt und gewürfelt
je eine rote und grüne Paprikaschote, entkernt und in dünne Streifen geschnitten
½ Becher Mayonnaise
½ Becher Magerjoghurt
½ TL Selleriesamen
frisch gemahlener Pfeffer

1 In einer Salatschüssel Kohl, Orange, Apfel sowie die rote und grüne Paprikaschote mischen.
2 Mayonnaise, Joghurt und Selleriesamen zusammenrühren und mit Pfeffer abschmecken. Zudecken und kühl stellen.
3 Kurz vor dem Servieren das Dressing über den Salat geben und gut durchmischen.

Klassischer grüner Salat

Klassischer grüner Salat

Vorbereitungszeit:
30 Min. und über Nacht ziehen lassen
Zubereitungszeit:
keine
Für 10 Personen

1 Kohlkopf oder Kopfsalat
1 kleiner römischer Salat
1 Becher junge Spinatblätter, zerpflückt
250 ml Pflanzenöl
125 ml Rotweinessig
3 Knoblauchzehen, zerdrückt
2 EL frische Thymian- oder Majoranblätter, gehackt
2 EL Petersilie, feingehackt
½ TL Salz
frisch gemahlener Pfeffer
1 Becher Champignons, in Scheiben geschnitten
1 Becher Brokkoli-Röschen, knusprig gebraten
1 mittelgroße rote Zwiebel, in dünne Ringe geschnitten
2 kleine Tomaten, geachtelt
geriebener Parmesankäse (nach Belieben)

1 Salat- und Spinatblätter waschen und trocknen. In eine große Plastiktüte geben und kühl stellen, bis sie knackig sind.
2 Öl zusammen mit den nächsten fünf Zutaten in einen großen Behälter mit gut sitzendem Verschluß geben. Reichlich Pfeffer zufügen. Deckel schließen und fest schütteln, bis sich alles vermischt hat. Mindestens über Nacht ziehen lassen.
3 Zum Servieren Salatblätter, Pilze, Brokkoli, Zwiebel und Tomaten in eine Servierschüssel geben. Mit dem Dressing übergießen und gut durchrühren. Auf Wunsch mit Parmesankäse bestreuen.

Schrittweise Zubereitung einer Vinaigrette

Vorbereitungszeit:
15 Min.
Zubereitungszeit:
keine
Ergibt 1 Becher

80 ml Essig
1 Knoblauchzehe, zerdrückt
2 TL Dijon-Senf (siehe Hinweis)
Salz und frisch gemahlener Pfeffer
125 ml Pflanzenöl
125 ml Olivenöl

1 Zubereitung von Hand: Essig, Knoblauch, Senf, Salz und Pfeffer in einer kleinen Schüssel gut durchmischen.
2 Öl langsam in die Essigmixtur einrühren und alles gut mischen. Sofort verwenden oder kühl stellen. Vor Verwendung noch einmal durchrühren.
3 Zubereitung im Schüttelbecher: Sämtliche Zutaten in das Gefäß geben. Deckel schließen. Schütteln, bis sich alles gut vermischt hat.
4 Zubereitung im Mixer: Essig, Knoblauch, Senf, Salz und Pfeffer in eine Schüssel geben. Während die Maschine läuft, Öl in dünnem Strahl zugießen.
Hinweis: Statt Dijon-Senf kann auch jeder andere handelsübliche Senf verwendet werden.

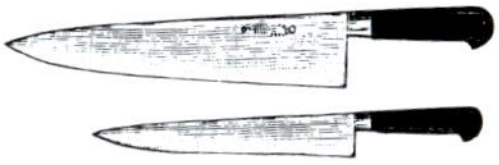

Schritt 1

Schritt 2

Schritt 3

Schritt 4

Spargel-und-Zuckererbsensalat

Vorbereitungszeit:
30 Min.
Zubereitungszeit:
keine
Für 8 Personen

200 g frische Zuckererbsen
2 Bund frischer Spargel
2 Köpfe römischer Salat, gewaschen und getrocknet
1 Körbchen Cocktailtomaten
1 Avocado, geschält und in Scheiben geschnitten

Dressing
½ TL geriebene Orangenschale
125 ml frischer Orangensaft
1 EL geröstete Sesamkörner
2 EL Olivenöl
2 TL Honig
1 TL Sojasauce
einige Tropfen Sesamöl

1 Zubereitung des Salats: Zuckererbsen putzen und 30 Sekunden in kochendem Wasser blanchieren; unter kaltem Wasser abschrecken und abtropfen lassen.
2 Spargel putzen und in die gewünschte Länge schneiden. 3–4 Minuten kochen, bis er knackig und zart ist. Abschrecken und abtropfen lassen; kühl stellen.
3 Eine Salatschüssel mit einigen Salatblättern auslegen. Den übrigen Salat, Zuckererbsen, Spargel, Tomaten und Avocado zufügen. Mit Deckel verschließen und bis zur Verwendung kühl stellen (bei längerer Aufbewahrung Avocadostücke mit Zitronensaft beträufeln).
4 Zubereitung des Dressings: Orangenschale, Orangensaft, Sesamkörner, Olivenöl, Honig und Sojasauce in einem kleinen Gefäß mit fest schließendem Deckel mischen und mit Sesamöl abschmecken. Deckel schließen und gut schütteln.
5 Zum Servieren Dressing über den Salat gießen und umrühren.

Tip
Spargel ist leicht verderblich. In der Regel beginnt der Fäulnisprozeß an den Spitzen. Spargel in feuchtigkeitsabweisendes Papier einwickeln, in eine Plastiktüte legen und im Gemüsefach des Kühlschranks aufbewahren.

Heißer Kartoffelsalat mit Pfefferminze

Vorbereitungszeit:
30 Min.
Zubereitungszeit:
18 Min.
Portionen: 8

1 kg kleine neue Kartoffeln
5 große Pfefferminzzweige
250 ml Sauerrahm
2 EL Mayonnaise
1 mittelgroße weiße Zwiebel, gerieben
¼ Becher Petersilie, gehackt
2 EL frischer Dill, gehackt
2 EL Schnittlauch, gehackt
Salz und gemahlener Pfeffer

1 Kartoffeln und Pfefferminze in einen großen Topf geben und mit Wasser auffüllen, bis die Kartoffeln bedeckt sind. Wasser zum Kochen bringen und Kartoffeln bei mittlerer Hitze etwa 10–12 Minuten weichkochen. Wasser abgießen und Pfefferminze entfernen.
2 Sauerrahm, Mayonnaise, Zwiebel und frische Kräuter zusammenrühren und mit Gewürzen abschmecken. Über die heißen Kartoffeln geben und gut mischen. Warm servieren.

Tip
Kleine neue Kartoffeln haben eine feste Konsistenz und eignen sich damit ideal als Pellkartoffeln mit Butter und Pfeffer oder leichten Rahmdressings.

Heißer Kartoffelsalat mit Pfefferminze sowie Spargel-und-Zuckererbsen-Salat

Baked Potatoes

Vorbereitungszeit:
40 Min.
Zubereitungszeit:
1 ½ Std.
Für 8 Personen

8 mittelgroße Kartoffeln, gründlich gesäubert

Chili con Carne-Sauce

1 EL Öl
30 g Butter
1 Zwiebel, gehackt
250 g Hackfleisch
1 EL Tomatenmark
425 g Tomaten aus der Dose
½ Becher rote Kidney-Bohnen, abgetropft
1 EL Chili-Sauce
1 TL Chilipulver
einige Tropfen Tabasco-Sauce
Gewürze zum Abschmecken

Käse-Avocadosauce

30 g Butter
1 TL Mehl
250 ml Milch
1 Prise Cayenne-Pfeffer
Gewürze zum Abschmecken
1 Becher geriebener Cheddar-Käse
1 Avocado, in Scheiben geschnitten

Scharfe Pilzsauce

60 g Butter
1 Zwiebel, gehackt
1 Knoblauchzehe, zerdrückt
500 g Pilze, in Scheiben geschnitten
2 EL Chili-Sauce
1 TL Chili-Pulver
Gewürze zum Abschmecken
300 ml Sahne

1 Jede Kartoffel mit einer Gabel ringsum einstechen. Auf ein Backblech legen und bei (180 °C) 1 ½ Stunden backen, bis sie außen knusprig und innen weich sind.

2 Zubereitung der Chili con Carne-Sauce: Öl und Butter in einer großen Pfanne erhitzen und Zwiebel glasig dünsten.

3 Hackfleisch zugeben, gut anbraten und die restlichen Zutaten zufügen. Deckel schließen und 25–30 Minuten köcheln lassen. Kartoffeln aufschneiden und das Chili mit einem Löffel darübergeben. Eventuell mit einem Sauerrahmhäubchen servieren.

4 Zubereitung der Käse-Avocadosauce: Butter in einem kleinen Topf zerlassen. Mehl zugeben und gut verrühren. Etwa 1 Minute anschwitzen.

5 Vom Herd nehmen und langsam die Milch zugeben. Unter ständigem Rühren zum Kochen bringen, bis die Sauce eindickt. 3 Minuten köcheln lassen. Gewürze und die Hälfte des Käses unterheben.

6 Kartoffeln aufschneiden und Avocadoscheiben hineinlegen. Dann mit Sauce übergießen und mit dem übrigen Käse bestreuen. Grillen, bis der Käse geschmolzen ist und eine goldene Färbung aufweist.

7 Zubereitung der scharfen Pilzsauce: Butter in einer großen Pfanne zerlassen. Zwiebel und Knoblauch andünsten, bis die Zwiebel glasig ist. Pilze, Chili-Sauce, Chili-Pulver und Gewürze zufügen. 10 Minuten köcheln lassen.

8 Sahne zugeben und 10 Minuten köcheln lassen, bis die Sauce eindickt. Kartoffeln aufschneiden und mit der Pilzsauce übergießen.

Baked Potatoes

Rote Bete mit zwei Saucen

Rote Bete mit zwei Saucen

Vorbereitungszeit: 40 Min.
Zubereitungszeit: keine
Für 6 Personen

6 kleine rote Bete
200 ml Sauerrahm
1 EL Meerrettich
1 TL Senfkörner, grob gemahlen
125 ml Sahne
¼ Becher Mayonnaise
½ Becher geriebener Apfel
¼ TL gemahlene Nelken
frische Kräuter, zum Garnieren

1 Rote Bete in leicht gesalzenem Wasser weichkochen. Abgießen, schälen und grob raspeln oder in kleine Stücke schneiden. Auf einer Servierplatte anrichten.
2 Sauerrahm, Meerrettich und Senf gut vermengen.
3 In einer zweiten Schüssel Sahne, Mayonnaise, Apfel und Nelken gut vermengen.
4 Mit einer großzügigen Menge jeder Sauce auf dem Teller neben der roten Bete servieren (die Saucen können auch in zwei separaten Schüsseln gereicht werden). Mit Kräutern garnieren.

TIP
Beim Kauf von roter Bete auf eine runde Form, eine feste rote Schale und frisches und sauberes Rübenkraut achten.

Gegrilltes Kräutergemüse

Vorbereitungszeit:
40 Min. und 1 Std. ziehen lassen
Zubereitungszeit:
8 Min.
Für 8 Personen

2 Knoblauchzehen, zerdrückt
125 ml Olivenöl
2 mittelgroße ungeschälte Auberginen, in 1 cm dicke Scheiben geschnitten
4 lange Zucchini, in 1 cm dicke Streifen geschnitten
1 große rote Zwiebel, in 1 cm dicke Scheiben geschnitten
8 große Pilze, halbiert
4 mittelgroße reife Tomaten, halbiert
jeweils 2 mittelgroße, entkernte und geviertelte rote und grüne Paprikaschoten
je 2 Zweige frischer Majoran, Oregano, Rosmarin, Salbei, Basilikum und Thymian
frisch gemahlener Pfeffer

1 Knoblauch und Öl mischen und 1 Stunde bei Zimmertemperatur ziehen lassen.
2 Auberginenscheiben mit Salz bestreuen und 30 Minuten auf Küchenpapier ziehen lassen. Unter kaltem Wasser abwaschen und trockentupfen.
3 Aubergine und das übrige Gemüse mit dem Knoblauchöl bestreichen.
4 Kräuterblätter von den Zweigen entfernen (nicht miteinander mischen). Große Blätter hacken. Aubergine mit Majoran, Zucchini mit Oregano, Zwiebeln mit Rosmarin, Pilze mit Salbei, Tomaten mit Basilikum und Paprika mit Thymian bestreuen. Leicht pfeffern.
5 Das Gemüse etwa 15 Minuten direkt auf den Grillrost legen (keine Flammen) und grillen, bis es noch knackig ist. Nach 5–8 Minuten wenden. Sofort servieren.

Tip
Das Verbrennen einiger Rosmarinzweige auf den heißen Kohlen oder das Bestreichen des Gemüses mit dem Rosmarinzweig sorgen für ein intensiveres Aroma.

Gegrilltes Kräutergemüse

Verlockende Nachspeisen

Obstsalat mit Portwein

Desserts können der krönende Abschluß jedes Grillfestes sein. Dabei kann es sich um etwas Einfaches wie einen frischen, mit Alkohol oder Zitronen- bzw. Orangensaft versetzten Obstsalat aus Früchten der Saison handeln oder um so aufwendige Dinge wie einen Zitronenmeringe-kuchen. Wir haben für Sie unsere beliebtesten Rezepte zusammengestellt, die schon im voraus zubereitet werden können. Damit bewirten Sie mühelos auch eine größere Anzahl Gäste, und der Aufwand hält sich in Grenzen.

Falls Sie einen gegrillten Nachtisch reichen möchten, können wir Ihnen die folgenden Anregungen geben: Braten Sie Bananen mit der Schale auf einer Grillplatte oder dem Grillrost und streichen Sie sie mit zerlaufener Butter und braunem Zucker ein, sobald die Schale aufzuplatzen beginnt. Machen Sie mit Orangensaft bestrichene Obst-Kebabs aus verschiedenen Früchten, oder wickeln Sie frisch aufgeschnittene Aprikosen und Beerenfrüchte in Alufolie ein, bestreichen Sie sie mit Honig und servieren Sie sie mit gerösteten Mandeln und geschlagener Sahne – die Möglichkeiten sind schier unerschöpflich.

Obstsalat mit Portwein

Vorbereitungszeit: 20 Min.
Zubereitungszeit: keine
Für 6 Personen

½ Becher feiner Zucker
80 ml Zitronensaft
80 ml Portwein
1 Papaya, geschält und in Scheiben geschnitten
1 Kiwi, geschält und in Scheiben geschnitten
1 Schale Himbeeren
weitere Früchte, je nach Saison

1 Zucker, Zitronensaft und Portwein in einem Schüttelbecher gründlich mischen.
2 Sämtliche Früchte in eine Servierschüssel geben. Mit Dressing übergießen, zudecken und bis zum Servieren kühl stellen. Mit viel Schlagsahne servieren.

Trifle

Vorbereitungszeit: 30 Min. und ziehen lassen
Zubereitungszeit: keine
Für 8 Personen

1 Päckchen Himbeer-Götterspeise
500 ml Milch
4 EL Puddingpulver, Vanillegeschmack
2 TL Zucker
1 TL Vanillearoma
2 Bananen
Saft einer halben Zitrone
1 Körbchen Erdbeeren, gewaschen und entstielt
425 g Pfirsiche aus der Dose, ungesüßt, abgetropft und in Scheiben geschnitten
425 g Aprikosenhälften aus der Dose, ungesüßt und abgetropft
Fruchtfleisch von 2 Passionsfrüchten
200 ml Sahne, geschlagen

1 Götterspeise nach Packungsanweisung zubereiten. In ein flaches Gefäß geben. Im Kühlschrank fest werden lassen.
2 Zubereitung des Vanillepuddings: etwas Milch in einen Topf geben und mit dem Puddingpulver mischen. Zucker und restliche Milch zufügen und gut verrühren.
3 Unter ständigem Rühren aufkochen lassen. Hitze verringern und 3 Minuten einkochen lassen. Vom Herd nehmen, unter Rühren Vanillezucker zugeben und abkühlen lassen.
4 Bananen schälen und in Scheiben schneiden. Mit Zitronensaft beträufeln, damit sie nicht braun werden, und beiseite stellen.
5 Zubereitung des Trifle: die Hälfte des Obstes am Boden einer Servierschüssel anordnen. Die Götterspeise grob zerkleinern. Die Hälfte über dem Obst verteilen. Mit der Hälfte des Vanillepuddings bedecken. Weitere Schichten herstellen, bis alle Zutaten verbraucht sind; einige Früchte zur Garnierung aufheben.
6 Mit Schlagsahne und Früchten garnieren. Gut gekühlt servieren.

Pavlova

Vorbereitungszeit:
40 Min.
Zubereitungszeit:
1 ¼ Std.
Für 8 Personen

4 Eiweiß
¾ Becher feiner Zucker
1 TL Zitronensaft oder Essig
1 Prise Salz
300 ml Sahne, geschlagen
Früchte, je nach Saison

1 Eiweiß leicht steif schlagen. Zucker einrieseln lassen und weiterschlagen, bis schnittfester Eischnee entstanden ist. Zitronensaft untermischen.

2 Backblech mit Backpapier auslegen. Eiweiß in einem Kreis mit etwa 23 cm Durchmesser ausbreiten.

3 Bei geringer Hitze (150 °C) backen. Nach 30 Minuten Hitze auf 120 °C verringern und 45 Minuten weiterbacken. Ofen ausschalten und Pavlova bei offener Ofentür abkühlen lassen.

4 Backpapier entfernen und Pavlova auf eine Servierplatte legen. Mit Schlagsahne und Früchten wie Bananen, Himbeeren und Kiwi garnieren.

Tip
Zucker langsam zufügen und solange rühren, bis sich die Zuckerkristalle aufgelöst haben. Ob sich der Zucker aufgelöst hat, läßt sich feststellen, indem man etwas Eischnee zwischen den Fingern verreibt. Er darf sich nicht mehr körnig anfühlen.

Schritt 1

Schritt 2

Schritt 3

Schritt 4

Pavlova

Mangoeis

Dieses Eis ist allein schon ein Genuß. Wenn man es aber mit Schokoladenblättern, gezuckerten Trauben und frischen Mangoscheiben garniert, wird es auch noch zu einem Augenschmaus ersten Ranges.

Vorbereitungszeit:
30 Min. und Gefrierzeit
Zubereitungszeit:
keine
Für 6 Personen

Eis
500 ml Sahne
250 ml Milch
1 Becher reife Mango (2 oder 3 große Mangos), püriert
1 Becher Zucker
1 EL Zitronen oder Limonensaft

Garnierung
einige Stengel weiße Trauben
1 Eiweiß, leicht geschlagen
feiner Zucker
kleine Efeublätter
60-90 g dunkle Schokolade
1 oder 2 reife Mangos, in Scheiben geschnitten

1 Sahne, Milch, Mango, Zucker und Zitronensaft sorgfältig vermengen.
2 Bei Verwendung einer handelsüblichen Eismaschine, Masse in die entsprechende Schüssel geben und nach Betriebsanleitung vorgehen.
3 Ohne Eismaschine Masse in das Gefrierfach stellen und warten, bis sie am Rand fest wird. In eine Schüssel umfüllen; schlagen, bis die Masse locker ist. In das Gefrierfach zurückstellen, bis die Masse fest, aber noch nicht hart ist (siehe Hinweis).
4 Weintrauben waschen und abtropfen lassen; in kleinere Büschel zerpflükken und mit Küchenkrepp trocken reiben. Eiweiß mit einer Gabel leicht schlagen. Weintrauben mit Eiweiß bestreichen und in Zucker wälzen. Auf einem Rost trocknen lassen.
5 Zur Herstellung der Schokoladenblätter kleine, wohlgeformte Efeublätter auswählen; mit einem feuchten Tuch reinigen und trocknen lassen. Schokolade schmelzen und mit einer Messerspitze oder einem Pinsel auf eine Seite des Blattes auftragen. Fest werden lassen und das Blatt vorsichtig entfernen. Schokoladenblätter in einem luftdicht verschlossenen Gefäß aufbewahren.
6 Eiskugeln auf Desserttellern servieren. Mit gezuckerten Trauben, Schokoladenblättern und dünnen Mangoscheiben garnieren.

Tip
Zur Auflockerung der Eismasse vor dem Gefrieren ein geschlagenes Eiweiß unterheben.

Mangoeis

Zitronenmeringuekuchen

Vorbereitungszeit:
40 Min. und 1 Std. ziehen lassen
Zubereitungszeit:
10 Min.
Für 6 Personen

Kuchenboden
1 ½ Becher Mehl
1 EL feiner Zucker
125 g Butter oder Margarine, in Stücken
1 Eigelb
1 EL kaltes Wasser

Füllung und Meringue
½ Becher Zucker
⅓ Becher Maismehl
250 ml Wasser
geriebene Schale von 2 Zitronen
125 ml Zitronensaft
3 Eier, getrennt
1 EL Butter
½ Becher feiner Zucker

1 Zubereitung des Kuchenbodens: Mehl und Zucker zusammenrühren und mit Butter zu einer krümeligen Masse kneten. Eigelb mit kaltem Wasser mischen, zufügen und alles zu einem festen Teig verarbeiten. Einwickeln und 1 Stunde kühl stellen. Den Teig auf einer bemehlten Fläche auf 23 cm Durchmesser ausrollen. Rand nach Wunsch modellieren. Mit einer Gabel mehrmals einstechen. 15 Minuten bei 220 °C goldbraun backen. Abkühlen lassen.

2 Zubereitung der Füllung: ½ Becher Zucker und das Maismehl in einem Topf zusammenrühren. Wasser, Zitronenschale und Zitronensaft zugeben. Bei mittlerer Hitze rühren, bis die Masse eindickt und Blasen wirft. Hitze verringern und 2–3 Minuten köcheln lassen. Vom Herd nehmen.

3 Eigelb in einer kleinen Schüssel schlagen. Etwas heiße Füllung unterheben und alles zurück in den Topf geben. Unter ständigem Rühren 2–3 Minuten weiterkochen. Butter unterheben und Füllung in die Teigform gießen.

4 Zubereitung der Meringue: Eiweiß steif schlagen. Zucker langsam einrieseln lassen und weiterschlagen, bis schnittfester, glänzender Eischnee entsteht. Meringue über die heiße Füllung geben, bis sie völlig bedeckt ist.

5 Etwa 10 Minuten bei 220 °C backen, bis die Meringue eine goldbraune Färbung annimmt. Auf einem Rost völlig abkühlen lassen.

Tip
Um einen Kuchenboden „blind" zu backen, Boden mit Backpapier oder Alufolie auslegen. Mit trockenen Bohnen oder Backperlen aus Keramik bestreuen, damit er nicht zu sehr aufgeht. Backen, bis er fest ist, dann Gewichte und Papier entfernen. Backvorgang fortsetzen, bis der Boden gleichmäßig braun ist.

Schritt 1

Schritt 2

Schritt 3

Zitronenmeringuekuchen

Klassischer Obstkuchen

Klassischer Obstkuchen

Vorbereitungszeit:
1 ½ Std.
Zubereitungszeit:
15 Min.
Für 8 Personen

Kuchenboden
1 Becher Mehl, gesiebt
1 EL Puderzucker
90 g Butter oder Margarine, in Stücken
1 Eigelb
1 EL Zitronensaft

Füllung
300 ml Milch
1 Ei
2 Eigelb
1 EL Mehl
1 EL Maismehl
¼ Becher feiner Zucker
1 TL Vanillearoma

Belag
1 Körbchen Erdbeeren, gewaschen und entstielt
425 g Aprikosen aus der Dose, abgetropft (Saft auffangen)
2 Kiwis, geschält und in Scheiben geschnitten
1 EL Weinbrand
1 EL Pfeilwurz

1 Zubereitung des Bodens: Mehl in eine große Schüssel geben. Puderzucker und Butter zufügen und mit den Fingern kneten, bis eine krümelige Masse entsteht.
2 Eigelb und Zitronensaft unterheben. Zu einem weichen Teig kneten. Mit Frischhaltefolie abdecken und 30 Minuten in den Kühlschrank stellen.
3 Teig zwischen zwei Lagen Frischhaltefolie oder auf einer leicht bemehlten Fläche auf eine Dicke von 3 mm ausrollen. Eine Springform, 23 cm Durchmesser, mit Teig auskleiden. Ränder nach Wunsch modellieren. 10 Minuten kühl stellen. Boden mit einer Gabel einstechen. 10–15 Minuten bei 200 °C goldbraun backen. Abkühlen lassen.
4 Zubereitung der Füllung: 60 ml Milch, Ei, Eigelb, Mehl, Maismehl und Zucker in einer kleinen Schüssel gut vermengen. Restliche Milch in einem Topf erwärmen.
5 Ein wenig warme Milch in die Eimasse geben. Dann Eimasse in die übrige warme Milch geben.
6 Diese Masse unter ständigem Rühren wieder erwärmen, bis sie dickflüssig wird und Blasen wirft. 3 Minuten köcheln lassen und das Vanillearoma unterheben. Abkühlen lassen.
7 Die Eiercreme in die Springform füllen und mit dem Obst garnieren.
8 Aprikosensaft und Weinbrand mischen und ein wenig davon mit dem Pfeilwurz verrühren, bis eine weiche Paste entsteht. Die Paste mit dem restlichen Saft mischen. Unter ständigem Rühren erwärmen, bis die Masse dickflüssig wird und aufkocht. 3 Minuten weiterkochen.
9 Die Früchte mit der warmen Glasur bestreichen. Bis zum Servieren kühl stellen.

Tip
Bei Verwendung einer Springform können Sie die Teigränder mit Hilfe eines Nudelholzes zurechtschneiden.

Pochierte Äpfel in Wein

Vorbereitungszeit:
20 Min. und 3 Std. ziehen lassen
Zubereitungszeit:
20 Min.
Für 4 Personen

½ Becher Johannisbeeren
300 ml trockener Weißwein
200 ml Wasser
1 Zimtstange
fein geriebene Schale einer Zitrone oder einer kleinen Orange
1 EL Zitronensaft
4 große grüne Äpfel, geschält, entkernt und in Scheiben geschnitten

1 Johannisbeeren in einer Schüssel mit kochendem Wasser übergießen, bis sie prall sind.
2 Währenddessen Wein, Wasser, Zimt, Zitronenschale und Zitronensaft aufkochen. Die Hälfte der Äpfel hinzugeben, Hitze verringern und 5 Minuten leicht kochen lassen, bis die Äpfel glasig werden.
3 Äpfel in eine Glasschüssel geben. Johannisbeeren abgießen, abspülen und mit den übrigen Äpfeln in die Weinmischung geben. Nochmals 5 Minuten kochen lassen. Die Mischung über die Äpfel in der Schüssel gießen.
4 Abkühlen lassen, zudecken und 2–3 Stunden kühl stellen. Vor dem Servieren Zimtstange entfernen.

Hinweis: Statt der Äpfel kann man auch Pflaumen, Nektarinen, Pfirsiche oder Aprikosen verwenden ... oder auch eine Mischung, wie auf der Abbildung dargestellt.

Tip
In der kalten Jahreszeit können die pochierten Äpfel auch warm mit einer Sahnehaube serviert werden.

Pochierte Früchte in Wein

DAS GRILLFEUER

Die Menschen haben sich seit der Entdeckung des Feuers mit dem Grillen beschäftigt und in letzter Zeit findet es als unterhaltsamer und entspannender Zeitvertreib immer mehr Freunde. Es werden gegenwärtig zahlreiche Grillkonstruktionen auf dem Markt angeboten, aber für welchen Grill Sie sich auch entscheiden – eine flache Grillplatte, ein Tischgrillgerät oder einen Kesselgrill –, ausschlaggebend für erfolgreiches Grillen sind gleichmäßig glühende Kohlen und kein loderndes Feuer.

Sorgen Sie schon frühzeitig für eine richtige Glut. Holzkohle ist der gängigste Brennstoff; sie verbrennt langsam und ohne Funkenflug und strahlt über einen längeren Zeitraum eine gleichmäßige Hitze ab. Sie können auch Holz verwenden – am besten eignet sich Hartholz. Lassen Sie das Feuer etwa 30-45 Minuten herunterbrennen, bevor Sie das Grillgut auf den Rost legen. Mit dem Grillen kann begonnen werden, wenn sich auf den Kohlen graue Asche bildet. Bei Nacht können die Kohlen auch rot glühen; der beste Hinweis auf „grillbereite" Kohle ist jedoch die aschgraue Färbung.

KONTROLLE DER TEMPERATUR

Die ständige Temperaturkontrolle spielt beim Grillen eine wichtige Rolle. Bei Gasgrills und elektrischen Grills läßt sich die Temperatur einstellen. Bei Kohlengrills sind die Einflußmöglichkeiten ebenso groß: Das Grillgut kann an eine kühlere Stelle gelegt werden, oder man spritzt mit einem Schlauch oder Becher etwas Wasser vorsichtig in die Glut. Dadurch geht nicht nur die Temperatur sofort zurück, sondern durch die Dampfentwicklung wird das Fleisch auch saftiger. Wenn sich der Grillrost sehr nahe an den Kohlen befindet, sollten Sie das Grillgut beiseite schieben, während Sie die Glut mit Wasser benetzen. Bei einem Gas- oder Elektrogrill kein Wasser verwenden.

GRILLAUSRÜSTUNG

Es gibt einige Geräte, auf die man beim Grillen nicht verzichten sollte. Für welche Utensilien Sie sich auch entscheiden, wichtig ist, daß sie robust sind.

Was Sie benötigen:
- einen langen Grillspatel mit einem isolierten Griff zum Wenden von Fleisch, Hamburgern und leicht zerfallendem Grillgut
- eine langstielige Zange zum Wenden größerer Fleischstücke
- einen widerstandsfähigen Pinsel zum Bestreichen des Grillguts (dazu eignet sich beispielsweise ein hochwertiger Malerpinsel)
- ein Gefäß zur Aufbewahrung der Saucen, Marinaden und aromatisierten Öle
- dicke Topflappen oder Grillhandschuhe
- einen Haltekorb zum Aufbewahren, Wenden und Grillen von Hamburgern oder Fisch
- Tranchierbesteck und ein Schneidbrett
- hitzebeständige Alufolie zum Einpacken und Warmhalten des Grillguts

WICHTIG!
Immer einen Erste-Hilfe-Kasten griffbereit halten!

REGISTER